BEI GRIN MACHT SICH IHR
WISSEN BEZAHLT

AF155450

- Wir veröffentlichen Ihre Hausarbeit,
  Bachelor- und Masterarbeit

- Ihr eigenes eBook und Buch -
  weltweit in allen wichtigen Shops

- Verdienen Sie an jedem Verkauf

Jetzt bei www.GRIN.com hochladen
und kostenlos publizieren

Nina Eger

Arbeitsmigrationspolitik

Inwieweit prägten und prägen die kolonialen Muster die deutsche Arbeitsmigrationpolitik?

GRIN Verlag

Bibliografische Information der Deutschen Nationalbibliothek:

Die Deutsche Bibliothek verzeichnet diese Publikation in der Deutschen National-
bibliografie; detaillierte bibliografische Daten sind im Internet über http://dnb.d-
nb.de/ abrufbar.

Impressum:

Copyright © 2006 GRIN Verlag GmbH
Druck und Bindung: Books on Demand GmbH, Norderstedt Germany
ISBN: 978-3-640-18871-0

Dieses Buch bei GRIN:

http://www.grin.com/de/e-book/116822/arbeitsmigrationspolitik

Carl von Ossietzky Universität Oldenburg

Sommersemester 2006

Seminar: Migrationspolitik

Ausarbeitung

Arbeitsmigrationspolitik

**Inwieweit prägten und prägen die kolonialen Muster
die deutsche Arbeitsmigrationpolitik?**

Vorgelegt von:

Nina Eger

2. Fachsemester Sozialwissenschaften

1. Einleitung 2

2. Definitionen 3
2.1 Kolonialismus 3
2.2 Migration 3

3. Historische Bedingungen 4
3.1 1880 - 1919 4
3.2 1955 - 1970 5
4. Gemeinsamkeiten/ Unterschiede 6

4.1 Legitimationskarte (eingeführt 1908) 6
4.2 Rotationsprinzip/ Karenzzeit 7
4.3 Forcierte Unterschichtung 8
4.4 Wirtschaftlicher Vorteil 9
4.5 Gesellschaftliches Bewusstsein 10

5. Fazit 11

Literaturliste 13

Internetadressen 14

1. Einleitung

Arbeitsmigrationspolitik in Deutschland, ein Nachkriegsphänomen oder bereits eine lange deutsche Tradition?!

Es gibt zwei Jahreszahlen[1], an denen die ersten Arbeitsmigrationsströme in Deutschland festgemacht werden. Das sind die Jahre 1955 und 1961, in denen die ersten italienischen und türkischen Gastarbeiter nach Deutschland kamen. In der Literatur gibt es eine regelrechte Fixierung der Arbeitsmigrationspolitik auf die Nachkriegszeit. Allerdings hat es in Deutschland zu allen Zeiten Migrationsbewegungen und Arbeitsmigrationen gegeben. „Daß es in Deutschland lange Traditionen mit ausländischen Arbeitskräften gab, ja, daß es nach 1945 nur eine zehnjährige Unterbrechung der massenhaften Ausländerbeschäftigung gegeben hatte und von den letzten 100 Jahren mehr als 80 ein >Ausländerproblem< kannten, wurde weiterhin verdrängt."[2] Durch die Beschränkung auf die eher unverfängliche Phase der deutschen Geschichte werden „Fragen nach Brüchen und Kontinuitäten in der gesellschaftlichen Konzeption von Arbeitsmigration im Rahmen der historischen Entwicklung des deutschen Nationalstaates"[3], also Fragen, die auf die Zeit vor 1955 abzielen, nicht gestellt.

Die Politik verstärkte die Wahrnehmung der sog. Stunde Null des Jahres 1955 nicht rein zufällig. Diese Zeitmarkierung war ein Bestandteil symbolischer Politik, der einen absoluten Bruch mit der belastenden Geschichte darstellen sollte. Doch diese „Befreiung" von der Geschichte hatte die paradoxe Folge, dass die historische Verdrängung zur Grundlage einer weitgehenden Rekonstruktion von überwunden geglaubten Gesellschaftsdiskursen und –praktiken wurde. In dieser Arbeit soll deshalb der Frage „In wieweit prägten und prägen die kolonialen Muster die deutsche Arbeitsmigrationpolitik?" nachgegangen werden.

Zuerst sollen die Begriffe `Kolonialismus` und `Migration` dargestellt werden. Im Anschluss daran werden die Jahre von 1880 bis 1919 in Bezug auf den deutschen Kolonialismus und die sich zeitgleich entwickelnde Arbeitsmigrationspolitik erläutert. Danach wird die Arbeitsmigrationspolitik ab 1955 bis 1970 untersucht und ggf. Paral-

---

[1] Vgl. Ha, Kien Nghi, Die Kolonialen Muster deutscher Arbeitsmarktpolitik, in: Steyerl, Hito/ Rodriguez, Encarnacion Gutierrez (Hg.), Spricht die Subalterne deutsch? Migration und postkoloniale Kritik, Münster, 2003, S. 56.
[2] Herbert, Ulrich, Geschichte der Ausländerbeschäftigung in Deutschland 1880 bis 1980, Berlin, 1986, S.9.
[3] Ha, Kien Nghi, Die ..., S. 56.

lelen zum ersten Zeitabschnitt herausgearbeitet. In Punkt 5 soll dann mit einem Re-
sümee geendet werden.

2. Definitionen

2.1 Kolonialismus

Der Begriff `Kolonialismus` bezeichnet „die Ausdehnung der Herrschaftsmacht   eu-
ropäischer Länder auf außereuropäische Gebiete mit dem vorrangigen Ziel der wirtschaftlichen Ausbeutung."[4]
Im Vergleich zu anderen europäischen Ländern[5], begann Deutschland erst relativ
spät Kolonien[6] zu gewinnen.
In Deutschland gibt es sowohl in breiten Teilen der Wissenschaft als auch der Öffent-
lichkeit eine regelrechte Fixierung des Kolonialismus auf stereotype Bilder. Dadurch
kann der Eindruck entstehen, dass sich koloniale Präsenz auf die Kolonien be-
schränken würde. Doch koloniale Beziehungen sind nie nur einseitig zu begreifen,
sie wirken sich auf die Kolonisierten ebenso aus, wie auf die Kolonisierenden selbst,[7]
wie im folgenden zu zeigen sein wird.

2.2 Migration

Es gibt keine allgemein gültige Definition des Begriffs `Migration`. Dieser Arbeit lie-
gen die Definitionen von Annette Treibel und Silvio Ronzani zugrunde. Nach Annette
Treibel ist Migration „der auf Dauer angelegte bzw. dauerhaft werdende Wechsel in
eine andere Gesellschaft bzw. in eine andere Region von einzelnen oder mehreren
Menschen."[8] Migrationen können in Form von Stadt- oder Landflucht (sog. Binnen-
migration) oder auch in Form von Ein- bzw. Abwanderung (Immigration, Emigration)
stattfinden.[9]
Silvio Ronzani konkretisiert den Begriff Migration insoweit, „daß Individuen aus einem
Gesellschaftssystem in ein anderes überwechseln, wodurch direkt oder indirekt in
beiden Systemen interne und externe Beziehungs- und Strukturveränderungen indu-

---

[4] Schubert, K./ Klein, M., Politiklexikon, Bonn, 2006, S. 159.
[5] Andere europäische Mächte begannen bereits ab dem 15. Jahrhundert Kolonien zu gewinnen;
Deutschland begann damit erst im 19. Jahrhundert.
[6] Kolonien des damaligen Deutschen Reiches waren: Deutsch Neuguinea, Deutsch-Ostafrika,
Deutsch-Südwestafrika, Deutsch-Witu, Kiautschou, Kamerun, Samoa und Togoland.
[7] Vgl.: Ha, Kien Nghi, Die …, S. 56 ff.
[8] Treibel, Annette, Migration in modernen Gesellschaften : soziale Folgen von Einwanderung, Gastarbeit und Flucht, 2., Aufl. – Weinheim, Juventa-Verl., 1999.
[9] Vgl.: Schubert, K./ Klein, M., Politiklexikon, Bonn, 2006, S. 196.

ziert werden."[10] Ronzanis Definition ist insoweit für diese Arbeit wichtig, da die Bedeutung des Kolonialismus in Bezug auf die heutige (Arbeits-) Migrationspolitik untersucht werden soll. Und somit natürlich die internen sowie externen Beziehungs- und Strukturveränderungen betroffen sind.

3. Historische Bedingungen

Die deutsche Kolonialherrschaft begann ab dem Jahr 1880 und endete 1919[11] mit der erzwungenen Aufgabe der letzten Kolonien. Im Folgenden wird die Zeit von 1880 bis 1919 in Bezug auf den deutschen Kolonialismus sowie auf die sich fast zeitgleich entwickelnde Arbeitsmigrationspolitik in Deutschland erläutert. Danach soll die Arbeitsmigrationspolitik von 1955 bis 1970 untersucht und ggf. Parallelen zum ersten Zeitabschnitt herausgearbeitet werden.

3.1 1880 - 1919

Die Kolonialherrschaft Deutschlands begann im Jahr 1880 und hatte eine Auswanderungswelle von ca. 1,8 Mio. Menschen zur Folge. Viele der Ausgewanderten halfen bei dem Aufbau und der Verfestigung der Kolonien im Ausland. In Deutschland entstand durch diese starke Abwanderung eine Knappheit an Arbeitskräften vor allem in der Landwirtschaft (sog. Leutenot) aber auch in der Industrie. Um diese `Leutenot` auszugleichen, wurden Arbeiter aus Russland, Österreich und Polen angeworben. Es entstand durch die relativ große Zahl der polnischen Gastarbeiter, Angst vor einer sog. `Polonisierung`[12] bestimmter Landstriche. 1885 wurden deswegen harte Maßnahmen gegen die Zuwanderung polnischer Gastarbeiter erlassen, in deren Folge ca. 40.000 Polen ausgewiesen und eine erneute Zuwanderung untersagt wurde. Zeitgleich sah sich die Landbevölkerung durch die zunehmend saisonbedingte Arbeit der Landwirtschaft in ihrer ganzjährigen Beschäftigung bedroht, weshalb sie verstärkt in die Industriezentren des Westens abwanderte. Infolge der erneut entstandenen `Leutenot`, wurde über eine Wiederzulassung der polnischen Gastarbeiter diskutiert. Sie sollten den Arbeitskräftemangel ausgleichen und durch ein Überangebot an Arbeitskraft den entstandenen Lohndruck senken.

---

[10] Ronzani, Silvio, Arbeitskräftewanderung und gesellschaftliche Entwicklung. Erfahrungen in Italien, in der Schweiz und in der Bundesrepublik Deutschland, Hain, 1980, S.17.
[11] Vgl.: Ha, Kien Nghi, Die kolonialen Muster deutscher Arbeitsmigrationspolitik, in: Steyerl, Hito/ Rodriguez, Encarnacion Gutierrez (Hg.) Spricht die Subalterne deutsch? Migration und postkoloniale Kritik Unrast: Münster, 2003, S. 61.
[12] Vgl.: Herbert, Ulrich, Geschichte der Ausländerpolitik in Deutschland, Bonn, 2003, S. 15 ff.

Ende 1890 wurden wieder polnische Gastarbeiter zugelassen, allerdings nur un-verheiratete, da sich keine Familien bilden oder ansiedeln sollten. Außerdem war die Zuwanderung an eine Zwangsrotation (sog. Karenzzeit) gekoppelt, d.h. die Arbeiter mussten außerhalb der Arbeitssaison[13] in ihr Land zurückkehren.[14] Des Weiteren brauchten ab 1908 alle Arbeitsmigranten eine Legitimationskarte (s. 4.1), um arbeiten zu dürfen.

Zu Beginn des ersten Weltkrieges 1914 wurde ein Rückkehrverbot für Arbeitsmigran-ten ausgesprochen. D.h. der Rückkehrzwang wurde in ein Ausreiseverbot umgewan-delt. Speziell die ausländischen Männer im wehrpflichtigen Alter wurden an der Aus-reise gehindert, damit sie nicht gegen Deutschland kämpfen konnten. An den Ar-beitsbedingungen, die sich bis dahin entwickelt hatten, änderte sich jedoch nichts. Während des ersten Weltkrieges wurden die Gefangenen in Deutschland zur Arbeit gezwungen.[15]

3.2 1955 - 1970

Im Zuge des Wirtschaftswunders um 1955 gab es einen erheblichen Arbeitskräfte-mangel, der mit der Anwerbung von ausländischen Arbeitskräften auszugleichen ver-sucht wurde. Am 22. Dezember 1955 wurde das erste Anwerbeabkommen für Ar-beitsmigranten Deutschlands mit Italien unterzeichnet.

Zwischen 1959 und 1962 gab es einen Wendepunkt auf dem deutschen Arbeits-markt. Die deutsche Erwerbstätigenzahl sank und die ausländische Arbeitnehmer-zahl nahm zu. Für diese Entwicklung werden vier Gründe angeführt. Erstens kamen in dieser Zeitspanne die geburtenschwachen Kriegsjahrgänge auf den Arbeitsmarkt, zweitens führte die verbesserte Altersvorsorge zu einer Absenkung des durchschnitt-lichen Eintrittsalters in den Ruhestand, drittens verlängerte sich die Ausbildungszeit und viertens sank die durchschnittliche Arbeitszeit. Außerdem blieben seit dem Mau-erbau die Flüchtlingsströme aus der DDR aus und demnach fehlten deutsche Arbeit-nehmer auf dem Arbeitsmarkt Westdeutschlands. Die ausländischen Arbeitskräfte füllten die so entstandenen Lücken auf dem Arbeitsmarkt. Bereits 1959 wurde es für viele Unternehmen schwierig weitere Arbeitskräfte zur Produktionsausweitung zu bekommen. Im März 1960 wurden deswegen weitere Anwerbeabkommen mit Grie-

---

[13] Eine Arbeitssaison in der Landwirtschaft ging vom 1.April bis zum 15. November eines Jahres.
[14] Vgl. Herbert, Ulrich, Geschichte der Ausländerpolitik in Deutschland, Bonn, 2003, S. 14 ff.
[15] Ebenda.

chenland und Spanien geschlossen. 1961 folgte der Vertrag mit der Türkei, 1964 mit Portugal und 1968 mit Jugoslawien.

Das Ausländergesetz von 1965 löste die bis dahin geltenden Gesetze und Erlasse aus der Vorkriegszeit ab und gab den Ausländerbehörden einen gewissen Ermessungsspielraum in Bezug auf die Ausländer aus Nicht-EWG-Staaten, um die `Arbeitskräftezufuhr` der wirtschaftlichen Situation Deutschlands anzupassen. Die Arbeitsmigranten aus EWG-Staaten, also nur die italienischen Arbeitsmigranten, sollten demgegenüber den deutschen Arbeitnehmern arbeitsrechtlich gleichgestellt werden, was bis 1970 auch schrittweise geschah. Für die Mehrheit der ausländischen Arbeiter aber prägte das Ausländerrecht, mit dem Konzept des vorübergehenden Aufenthalts, ihr Leben in Deutschland.

In der ersten Hälfte der 60er Jahre gingen sowohl Behörden, Arbeitgeber und auch der Großteil der Arbeitsmigranten von einem nur vorübergehenden Aufenthalt in Deutschland aus.[16]

Zur Rezession 1966/67 ging die Ausländerbeschäftigung rapide zurück. Die Unternehmen forderten weniger Leute an, außerdem kehrten auch Gastarbeiter in ihre Länder zurück, die es eigentlich nicht vorgehabt hätten. Denn in den konjunkturabhängigen Bereichen verloren viele ihre Arbeitsplätze und somit auch ihre Betriebsunterkunft. In dieser Phase mussten aufgrund der Arbeitsmigrationspolitik ca. 400.000 Arbeitsmigranten in ihre Länder zurückkehren.

Die Rezession wurde aber erstaunlich schnell und gut überwunden, sodass die Nachfrage nach ausländischen Arbeitskräften schnell wieder anstieg.

Im Vergleich dazu konnte der Niederlassungsprozess vieler Arbeitsmigranten in der Rezession der 1970er Jahre nicht durch politische Maßnahmen verhindert werden. Allerdings waren die Migranten in der Rezession von 1974/75 viermal so stark wie Deutsche von Kündigungen betroffen.[17]

4. Gemeinsamkeiten/ Unterschiede

4.1 Legitimationskarte (eingeführt 1908)

Die einzige Möglichkeit der Arbeiter ihre Arbeitsbedingungen zu verbessern, war der so genannte Kontraktbruch mit dem Arbeitgeber. Der Arbeiter verließ demnach vor Ablauf des Arbeitsvertrages seinen Arbeitergeber und suchte sich eine andere Anstellung. Da in den 1890er Jahren viele Arbeitsmigranten auf diese Weise ihren Ar-

---

[16] Vgl. Herbert, Ulrich, Geschichte der Ausländerpolitik in Deutschland, Bonn, 2003, S. 206 ff.

beitgeber wechselten, wurden Forderungen nach staatlichen Maßnahmen zur Verminderung der sog. `Kontraktbrüchigkeit` laut. Um eine bessere Kontrolle zu erreichen war die Vereinheitlichung des Anwerbesystem notwendig. 1905 wurde deshalb die „Deutsche Feldarbeiter Centrale" gegründet. Sie diente als Koordinierungsstelle und sollte alle Anwerbungen der ausländischen Arbeiter übernehmen. 1908 wurde ein Inlandslegitimationszwang in Form einer Legitimationskarte eingeführt. Diese Karte war farblich nach Nationalitäten sortiert und enthielt den Namen des Arbeitnehmers sowie seines Arbeitgebers. Auf diese Weise sollte Kontraktbruch verhindert werden, denn ein Arbeitgeberwechsel war so nur noch mit Zustimmung und Herausgabe der Legitimationskarte durch den Arbeitgeber möglich. Wer ohne diese Karte aufgegriffen wurde, musste mit Ausweisung und einem erneuten Zuwanderungsverbot rechnen.

Die Legitimationskarte überstand vier deutsche Gesellschaftssysteme und wurde zum Schluss von der Bundesanstalt für Arbeit ausgegeben. Die legitimationskarte verminderte zwar die Vertragsbrüchigkeit der Arbeitsmigranten, nahm ihnen dadurch aber auch die einzige Möglichkeit sich gegen ihren Arbeitgeber zur Wehr zu setzten. Letzterem bot sich dadurch die Möglichkeit des Lohnbetrugs und anderer Ungerechtigkeiten gegenüber dem Arbeitsmigranten.[18]

„Gerade als bürokratisches >Detail< veranschaulicht diese Identitäts- und Arbeitskarte mit ihren diskriminierenden Auswirkungen, wie sehr die Form und Funktion bundesrepublikanischer Migrationspolitik durch historische Kontinuität geprägt ist."[19]

4.2 Rotationsprinzip/ Karenzzeit

Das bundesrepublikanische Rotationsprinzip wurde nicht erst mit der Anwerbung von Arbeitsmigranten in den 1950er Jahren „ins Leben gerufen", sondern unter der Bezeichnung Karenzzeit bereits in Preußen umgesetzt. Ziel des Rotationsprinzips, wie auch das der Karenzzeitregelung, war es die Entscheidungsfreiheit über Dauer und Umfang der Ausländerbeschäftigung auf deutsche Ämter zu übertragen.[20]

„Der Gastarbeit lag die Überzeugung zugrunde, dass ArbeitmigrantInnen nur geduldete Fremde auf Zeit seien und unabhängig von ihrem Selbstverständnis keine EinwanderInnen werden sollten."[21]

---

[17] Vgl.: Ha, Kien Nghi, Die … , S. 71.
[18] Vgl.: Ha, Kien Nghi, Die …, S. 75 ff.
[19] Ha, Kien Nghi, Die …, S. 78.
[20] Vgl.: Ha, Kien Nghi, Die …, 72 ff.
[21] Ebenda, S. 70.

In den 1970er Jahren bezeichnete Hans Filbinger (CDU) dieses System als „rotierender Ex- und Import jeweils >junger frischer< Gastarbeiter".[22] Denn durch das Rotationsprinzip wurde gewährleistet, dass nur junge, arbeitsfähige und gesunde Arbeiter nach Deutschland kamen.

Die Arbeitsmigranten dienten in diesem Zusammenhang auch als flexible Reservearmee bzw. als Konjunkturpuffer. Sie waren Arbeiter minderen Rechts und sollten in regressiven Wirtschaftsphasen als erste ihre Arbeitsplätze verlieren. Vorrangiges Ziel des Rotationsprinzips um 1880 war die Durchsetzung völkischer Politik (z.B. mit dem anti-polnischen Rückkehrzwang). Bis 1970 wurden, im Vergleich dazu, mit dem Rotationsprinzip vorwiegend nationalökonomische Interessen (z.B. in Form des Konjunkturpuffers) verfolgt.[23]

4.3 Forcierte Unterschichtung

Mit forcierter Unterschichtung ist die bewusst hervorgerufene Unterschichtung der deutschen Gesellschaft durch die Arbeitsmigranten gemeint.

Die Mehrheit der ausländischen Arbeitskräfte arbeitete als un- oder angelernte Arbeiter in der Industrie, vorwiegend in Bereichen, wo schwere und schmutzige Arbeit anfiel, Akkordlöhne gezahlt und niedrige Qualifikationsanforderungen gestellt wurden. Das hatte zur Folge, dass die ausländischen Arbeiter mehr und mehr die Arbeiten annahmen, für die Unternehmen deutschen Arbeitnehmern Lohnzugeständnisse machen müssten. Auf diese Weise ermöglichten sie den Deutschen den Aufstieg in qualifizierte und beliebtere Positionen. Nach Berechnungen des Soziologen Friedrich Heckmann stiegen von 1960 bis 1970 ca. 2,3 Mio. Deutsche von Arbeiter- in Angestelltenpositionen auf; entscheidend wirkte sich hier die Zuwanderung der Gastarbeiter aus.[24]

Diese Entwicklung war um 1960 keine völlig neue Erscheinung, sondern der sich bereits seit 1880 kennzeichnende Trend in der Ausländerbeschäftigung. Der einzige Unterschied zu 1880 bestand in den erheblich zugenommen Aufstiegschancen für deutsche Arbeitnehmer.[25]

---

[22] Thränhardt, Dietrich, >Ausländer< als Objekte deutscher Interessen und Ideologien, in: Griese, Hartmut, Der gläserne Fremde, opladen, 1984, S.123.
[23] Vgl.: Ha, Kien Nghi, Die …, S. 70 ff.
[24] Vgl.: Herbert, Ulrich, Geschichte der Ausländerpolitik in Deutschland S. 213 ff.
[25] Vg.: Herbert, Ulrich, Geschichte der Ausländerpolitik in Deutschland, S. 225.

4.4 Wirtschaftlicher Vorteil

Für die Bundesregierung stand in den 1960er Jahren im Vordergrund ihrer Arbeits-migrationspolitik, „dass durch die Ausländerbeschäftigung nicht nur weiteres Wirt-schaftswachstum ermöglicht werde, sondern durch die hohe Sparquote der Gastar-beiter die Konsumgüternachfrage gedämpft und die Preise stabilisiert würden."[26]

Neben dieser Funktion hatte die deutsche Wirtschaft weitere ökonomische Vorteile, die sich aus der zeitlich begrenzten Zuwanderung und der vergleichsweise kosten-günstigen Arbeitskraft der Migranten ergaben. Da die Einwanderer bis zu ihrer Er-werbstätigkeit in ihrem Heimatland verblieben, entstanden für Deutschland auch kei-ne Sozialisations- und Ausbildungskosten (zur Kaiserzeit sog. Aufzuchtskosten).

Von sehr großer Bedeutung war „das Abstoßen bzw. die verminderte Anwerbung der Ausländer in Zeiten wirtschaftlichen Niederganges."[27] Die Gastarbeiter fungierten also als flexible Reservearmee, die bei Gebrauch immer zur Verfügung stand.[28] Ein weiterer Vorteil waren die milliardenschweren Überschüsse für die deutschen Sozial-versicherungen und den Staat, da die Arbeitsmigranten zwar einzahlen mussten, aber oft keine äquivalenten Leistungen erhielten. So konnte allein von 1961 bis 1971 in der Rentenversicherung ein Plus von 19,4 Mrd. DM erzielt werden.[29]

Deutschland betonte auch immer wieder die Vorteile für die Entsendeländer der Ar-beitsmigranten. Demnach werde ihre Arbeitslosenzahl gesenkt, die Zahlungsbilanzen durch die Lohntransfers verbessert, die Qualifikationsstruktur der Arbeiterschaft durch ihre Tätigkeit in deutschen Fabriken erhöht. Kurz es wurde „ein Stück Entwick-lungshilfe für die südeuropäischen Länder"[30] geleistet. Anzumerken ist hier, dass obwohl die Gastarbeit lange Zeit als Entwicklungshilfe dargestellt wurde, „die Bilanz für die Entsendeländer […]überwiegend negativ war."[31]

Die Gemeinsamkeit der Arbeitsmigrationspolitik von 1880 und 1955 ist, dass immer nur Arbeitsmigranten zu gelassen wurden, wenn es einen Arbeitskräftemangel gab, der regional, sektoral, saisonal oder konjunkturell ausgeglichen werden musste.

---

[26] Herbert, Ulrich, Geschichte der Ausländerpolitik in Deutschland, Bonn, 2003, S. 210
[27] Zitiert nach: Treibel, Annette: Migration in moderne Gesellschaften, Weinheim, 1990, S.90.
[28] Vgl. Herbert, Ulrich, Geschichte der Ausländerpolitik in Deutschland, Bonn, 2003, S. 206 ff.
[29] Vgl.: Pagenstecher, Cord, Ausländerpolitik und Immigrantenidentität, Berlin, 1994, S.34.
[30] Herbert, Ulrich, Geschichte der Ausländerpolitik in Deutschland, Bonn, 2003, S.210.
[31] Herbert, Ulrich, Geschichte der Ausländerbeschäftigung in Deutschland 1880 bis 1980, Berlin, S. 221.

4.5 Gesellschaftliches Bewusstsein

Mit seinem Aphorismus „Wir riefen Arbeitskräfte und es kamen Menschen" beschreibt Max Frisch die dehumanisierende Logik kolonialrassistischer Migrationspolitik, die für die Arbeitsmigrationspolitik ab 1880 und ab 1955 durchaus zutreffend ist. So gab es z.b. um 1880 wie auch ab 1955 Reihenuntersuchungen als Bestandteil bundesamtlicher Anwerbepraxis, die oft an Fleischbeschauen und Sklavenmärkte erinnerten.[32] Auf diese Weise sollte nur „einwandfreie Ware" nach Deutschland kommen.[33]

Des Weiteren wurden die Arbeiter verdinglicht und somit auf ihre Arbeitskraft reduziert. Was in Arbeitskraftbestellungen wie z.b. „zwei Stück Maurer"[34] deutlich wurde.

„Die Dehumanisierung der MigrantInnen, die ohne den Schutz der Bürgerrechte zu abhängigen und frei verschiebbaren Arbeitskräften reduziert werden, ist ein durchgängiges Schema in der kolonialen Arbeitsmigrationsgeschichte Deutschlands."[35] Im Alltag fanden sich solche Denkstrukturen in vielen Details wieder. So brachte beispielsweise 1962 die Ulmer Südwest Presse eine Zeitungsanzeige mit der Offerte „beste Gelegenheit für Pferdehaltung oder Gastarbeiterunterkunft "[36] und warb damit für einen Bauernstall.

In den Sozialreportagen der 1970er Jahre wurden die Arbeitsmigranten aufgrund der kolonialen Arbeitsformen auch als moderne „Lohnsklaven" oder „Neger Europas" bezeichnet.[37]

Das gesellschaftliche Bewusstsein in Bezug auf die Arbeitsmigranten war neben der Dehumanisierung auch durch Rassismus, Kriminalisierung und Infantilisierung gekennzeichnet. „Schon bevor der Nationalsozialismus >slawische Untermenschen< als >Arbeitsvölker< der deutschen >Herrenrasse< konzipierte, waren ähnliche Vorstellungen in der Arbeits- und Migrationspolitik des Kaiserreichs geläufig."[38] Zu dieser Zeit wurde die polnische Bevölkerung als `niedrigstehende Slawen` abgewertet und als prädestiniert für schwere Arbeiten dargestellt. Selbst in den Zeiten, in denen die deutsche Gesellschaft einseitig von der Arbeitsmigration profitierte, blieben die völkisch-rassistischen Vorbehalte bestehen.

---

[32] Vgl.: Pagenstecher, Cord, Ausländerpolitik und Immigrantenidentität, Berlin, 1994, S. 39.
[33] Vgl.: Ha, Kien Nghi, Die …, S. 79.
[34] Klee, Ernst, Die Nigger Europas: Zur Lage der Gastarbeiter, Düsseldorf, 1973, S. 20.
[35] Ha, Kien Nghi, Die …, S. 80.
[36] Klee, Ernst, Die Nigger Europas: Zur Lage der Gastarbeiter, Düsseldorf, 1973, S. 5.
[37] Ha, Kien Nghi, Die …, S. 81.
[38] Ha, Kien Nghi, Die …, S. 83.

Um 1880 wurde der Rassismus vorwiegend von der biologischen Natur her abgeleitet und erhielt so seine Legitimationsgrundlage. Im Gegensatz dazu, beruht der heutige Rassismus größtenteils auf kulturellen Differenzen und Determinierungen, die ebenfalls als unveränderbar gelten.[39] Und so konstatiert Edmund Stoiber (CDU) 1996: „Ein großes Problem ist die Durchrassung und Durchmischung Deutschlands."[40]

Die Kriminalisierungen und Infantilisierungen der Arbeitsmigranten gehören ebenfalls zu jenen Praktiken die vom Kolonialismus bis heute Gültigkeit haben und Stereotypen des `Anderen` produzieren. In beiden Fällen wird der ausländische Arbeiter als unmündig und gefährlich eingestuft. „Wie die Vorurteilsforschung und zahlreiche Medienanalysen wiederholt bestätigen, werden >Ausländer< nahezu automatisch mit Eigenschaften wie >gewalttätig< und >kriminell< assoziiert."[41]

5. Fazit

Um die Frage inwieweit die kolonialen Muster die deutsche Arbeitsmigrationspolitik prägten und immer noch prägen, beantworten zu können, muss klar sein, dass Arbeitsmigrationspolitik in Deutschland nicht erst ab 1955 begann. Arbeitsmigrationsbewegungen gab es immer und zu allen Zeiten. Erste große Arbeitsmigrationsströme gab es bereits im 19. Jahrhundert in Verbindung mit dem Kolonialismus. Doch es gab nicht nur Arbeitsmigration, sondern auch Arbeitssmigrationspolitik. Diese verfolgte zu jeder Zeit bestimmte Interessen und setzte sie mit wiederum bestimmten Mitteln durch. Instrumente der Arbeitsmigrationspolitik, die sich bis in die 1960/70iger gehalten haben, sind das Rotationsprinzip, die Legitimationskarte sowie die forcierte Unterschichtung der Arbeitsmigranten. Interessen waren zu jeder Zeit die Nutzung der Arbeitsmigranten als Konjukturpuffer bzw. als flexible Reservearmee. Doch eine der wichtigsten war zu jeder Zeit der wirtschaftliche Vorteil, der aus den zumeist viel billigeren Arbeitskräften gezogen wurde. Zusammenfassend kann gesagt werden, dass Arbeitsmigranten in Deutschland, im geschichtlichen Rückblick, immer nur dann zugelassen wurden, wenn es einen Arbeitskräftemangel in der Wirtschaft gab.

Im Vordergrund der Arbeitsmigrationspolitik stand 1880 wie auch 1955 immer das Primat deutscher Interessen, welches natürlich auch den Kolonialismus bestimmte. Zurückblickend kann dieses Primat deutscher Interessen als roter Faden verstanden

---

[39] Vgl.: Ha, Kien Nghi, Die ..., S. 84.
[40] Http://www.sussex.ac.uk/Units/cgjs/publications/hbdiebetroff.html, Zugriffsdatum: 28.08.2006.
[41] Ha, Kien Nghi, Die ..., S. 86.

werden, der sich seit der beginnenden Kolonialherrschaft Deutschlands durch die gesamte Arbeitsmigrationspolitik gezogen hat und immer noch zieht.[42]

---

[42] Vgl.: Ha, Kien Nghi, Die ..., S. 68.

Literaturliste

Ha, Kien Nghi
Die Kolonialen Muster deutscher Arbeitsmarktpolitik, in:
Steyerl, Hito/ Rodriguez, Encarnacion Gutierrez (Hg.)
Spricht die Subalterne deutsch? Migration und postkoloniale Kritik
Unrast, Münster, 2003, S. 56- 107

Herbert, Ulrich
Geschichte der Ausländerbeschäftigung in Deutschland 1880 bis 1980
J.H.W. Dietz, Berlin, 1986

Herbert, Ulrich
Geschichte der Ausländerpolitik in Deutschland
Bonn, Bundeszentrale für politische Bildung, 2003

Klee, Ernst
Die Nigger Europas: Zur Lage der Gastarbeiter
Düsseldorf, Patmos, 1973

Pagenstecher, Cord
Ausländerpolitik und Immigrantenidentität
Berlin, Bertz, 1994

Ronzani, Silvio
Arbeitskräftewanderung und gesellschaftliche Entwicklung : Erfahrungen in Italien, in
d. Schweiz u. in d. Bundesrepublik Deutschland.
Hain, Königstein/Ts., 1980

Schubert, K./ Klein, M.
Politiklexikon
Bonn, Bundeszentrale für politische Bildung, 2006

Thränhardt, Dietrich,

>Ausländer< als Objekte deutscher Interessen und Ideologien, in:

Griese, Hartmut

Der gläserne Fremde. Bilanz und Kritik der Gastarbeiterforschung und Ausländerpä-
dagogik

Opladen, Leske + Budrich, 1984

Treibel, Annette

Migration in modernen Gesellschaften : soziale Folgen von Einwanderung, Gastarbeit und Flucht

2., Aufl. Weinheim, Juventa-Verlag, 1999

Internetadressen

http://www.sussex.ac.uk/Units/cgjs/publications/hbdiebetroff.html,   Zugriffsdatum:
28.08.2006